レンジと炊飯器で作る
超かんたん料理
UDレシピ本

Cappe Kitchen
Syouhei's UD Recipes

Syouhei's Profile

　下田昇兵くんは、高校2年の時に、体を自由に動かすことがだんだんとできなくなっていく病気「脊髄小脳変性症」と診断されました。

　昇兵くんは、6歳の頃から、同じ病気になったお母さんを支えながら家で料理をしていて、高校生の時に始めた居酒屋のアルバイトでは、厨房をまかされて腕を振るったこともあります。病気が進行し、体を思うように動かすことができなくなっても、大好きな料理のアイディアは次々に生まれます。これまで、仲間とともに試作したたくさんのレシピを、「かっぺキッチン」の名前でレシピ投稿サイトに掲載してきました。

　幼いころに両親が離婚したこともあり、家族だんらんの記憶がほとんどない昇兵くん。「おいしいものを怖い顔で食べる人っていないはず。自分の作る料理でまわりの人を笑顔にしたい。それが自分にできる恩返しだから」と、レシピ本の出版を夢見てきました。

昇兵くんのアイディアレシピはすべて、レンジや炊飯器で作れる「UD料理」（ユニバーサルデザイン料理）。体の自由がきかないと、火を使う料理では火傷や火事などの危険性が増しますが、電子レンジや炊飯器などの家電を活用すれば、比較的安全に、簡単に料理を楽しむことができます。「ユニバーサルデザイン」とは、「すべての人のためのデザイン」という意味であり、障がいがあっても、高齢の方でも、子どもでも、安心・安全に作れる料理のことなのです。

　このたび、ネット上で寄付を呼び掛けるクラウドファンディングの仕組みを使って、昇兵くんのUD料理のレシピ本をつくりたいとプロジェクトを立ち上げ、寄付を呼びかけました。50万円の目標を大幅に上回る寄付金とあたたかい応援のメッセージをいただき、また多くの方々の協力を得て、とうとう昇兵くんの夢であったレシピ本の出版に至りました。

　誰もが安心・安全につくれる昇兵くんのUD料理レシピで、ぜひ、笑顔になれるおいしい料理をつくってみませんか？

Cappe
Kitchen
Syouhei's
UD Recipes

Contents

- 2 下田昇兵プロフィール
- 4 目次
- 6 蒸し鶏さっぱりネギソース
- 7 ガトーチョコバナナ
- 8 鮭の洋風ちゃんちゃん焼き
- 9 豆腐丼
- 10 エビチリ
- 12 マッシュポテトのラザニア風
- 13 エビマヨ
- 14 やわらかチキンのスープご飯（サムゲタン風）
- 15 炊飯器で簡単イカめし
- 16 もっちーず
- 17 明太子クリームリゾット仕立て
- 18 鶏とトマトのクリーム煮
- 20 簡単キャラメルブレッド
- 21 豆乳スープの坦々つけうどん
- 22 とびっこプチプチいもサラダ
- 23 フライパンなんて使わないタコライス
- 24 蒸し鶏のマスタードソース
- 25 かしわめし
- 26 チーズケーキ
- 28 蒸し鶏のオイマヨソース和え
- 29 フィンガーミートローフ
- 30 ピーマンの肉詰め
- 31 回鍋肉
- 32 冷やしつけラーメン
- 33 肉じゃが
- 34 トマトライス
- 36 鶏手羽元と大根のさっぱり煮
- 37 チンジャオロース
- 38 じゃがいもキムチ
- 39 アスパラベーコン
- 40 電子レンジ・炊飯器の使い方
- 41 料理用語集・耐熱容器
- 42 あとがき
- 43 下田昇兵の活動

レンジと炊飯器で作る
超かんたん料理
UDレシピ本

なんてったって早くて簡単の決定版！

蒸し鶏さっぱりネギソース

○調理時間：約10分
○エネルギー：1人分　349 Kcal

【材料】（2人分）

鶏もも肉
（両面フォークで穴をあける）………1枚

下味
（A）寿司酢……………………大さじ2
（A）塩…………………………小さじ1/2

かけだれ
（B）しょうゆ…………………大さじ1
（B）寿司酢……………………大さじ2

白ゴマ……………………………大さじ1
長ねぎ（斜め切り）……………1/2本
水菜（5cm）……………………1/2束

【作り方】

1. 鶏もも肉は寿司酢と塩（A）をよくなじませる。
2. 耐熱容器に鶏もも肉の皮目を上にラップをしてレンジ（600w）で4分加熱する。肉を返して更に4分加熱する。
3. 鶏もも肉を食べやすい大きさに切り器に盛りつける。
4. しょうゆと寿司酢を合わせたたれ（B）をかけ、その上に長ねぎと水菜をのせ、最後に白ゴマを散らす。

※レシピ本の加熱時間はあくまでも目安です。ご利用の電子レンジ・炊飯器のメーカーや機種により加熱時間が違うことがありますので調整して下さい。

【武田シェフからのアドバイス】

鶏もも肉と寿司酢と塩で下味をつけて加熱した時に出た肉汁（100ccくらい）が美味しいスープなので、しょうゆと寿司酢のかけだれに混ぜるとマイルドになります。更にたれにゴマ油やしょうが汁を入れると、味が締まりさっぱりします。タバスコもオススメです。

炊飯器で本格デザートが嬉しい

ガトーチョコバナナ

○調理時間：約50分～1時間
○エネルギー：ひと切れ分　269 Kcal

【材料】（5合炊き炊飯器で8切れ分）

ホットケーキミックス	50ｇ
純ココアパウダー	20ｇ
板チョコレート	150ｇ
生クリーム	200ml（ｇ）
卵（Mサイズ）	1個
完熟バナナ	1本
盛り付け用生クリーム	分量外
ミントなど	分量外

★下準備★
生クリームと卵は室温に戻しておく。卵はザックリ溶いておく。

【作り方】

1. 板チョコレートは小さくして割って耐熱容器に入れ、ラップをかけてレンジで（600ｗ）4分加熱して溶かす。ラップを外して余熱で更によく混ぜる。
2. 次にチョコレートに卵・生クリームの順に入れてホイッパーで混ぜる。
3. 2のチョコレートにホットケーキミックスとココアパウダーを入れてゴムベラで切る様に混ぜる。
4. バナナは半分はつぶして残りの半分は小さめのさいの目切りにして生地によく混ぜる。
5. 混ぜた生地を炊飯器に流し込み2～3回トントンと上から落とすように空気を抜いて、白米炊飯モードで炊く。
6. 竹串を刺して何もついてこなけば完成。ついてきたらもう一度炊飯する。

※炊飯器によって調理時間は異なります。5合炊きの白米炊飯モードで1回炊飯。炊飯器によっては2回炊飯の場合もあります。

【武田シェフからのアドバイス】
バナナのかわりにイチゴ、サクランボなどでも美味しく出来ます。

北海道の定番！
ちゃんちゃん焼きを洋風にアレンジ

鮭の洋風ちゃんちゃん焼き

○調理時間：約15分
○エネルギー：1人分　378 Kcal

【材料】（2人分）

生鮭切り身	2切れ
（A）ハーブ香辛料入塩（鮭用）	小さじ1/4
（B）玉ねぎ（薄切り）	1個
（B）にんじん（5cmの千切り）	1/3本
（B）ピーマン（千切り）	2個
（B）しめじ（小房に分ける）	1/2パック
（C）塩（野菜用）	小さじ1/2
（C）こしょう（野菜用）	適量
顆粒コンソメ	小さじ1
バター	20g
ピザ用チーズ	100g
長ねぎ（青い部分斜め切り）	少々

【作り方】

1. 鮭に塩（A）を振り10分くらい置いてから水分を拭く。
2. 耐熱容器に切った野菜（B）をのせ軽く塩とこしょう（C）をふり、ラップをしてレンジ（600w）で2分加熱する。
3. 次に鮭をのせて上から顆粒コンソメをふる。バターをのせて軽くラップをかけてレンジで5分加熱する。
4. さらにチーズをのせて2分加熱する。長ねぎを散らして完成。

【武田シェフからのアドバイス】
北海道の漁師まちで生まれたちゃんちゃん焼は、鮭をざっくり混ぜて食べるのがコツです。

優しいおふくろの味！ごはんが進む

豆腐丼

○調理時間：約25分
○エネルギー：1人分　488Kcal

【材料】（2人分）

豚ひき肉……………………100g
（A）ごぼう（ささがき）………1/4本
（A）にんじん（5cmの千切り）…1/4本
（B）塩こしょう（MIXタイプ）…適量
めんつゆ（4倍濃縮）……大さじ4と1/2
砂糖…………………………大さじ1/2
木綿豆腐（くずして水切り）………半丁
ごはん ………… 2杯（どんぶり）

【作り方】

1. 耐熱容器に豚ひき肉、ごぼう、にんじん（A）を入れて塩こしょう（B）をしてレンジ（600w）で4分加熱する。

2. めんつゆと砂糖を加えさらにレンジで2分加熱する。

3. よく水切りした豆腐を崩し入れてレンジで4分加熱し出来上がり。

4. 器にごはんを入れて3を盛りつける。

【武田シェフからのアドバイス】
加熱する事によって野菜から水分が出るので繋ぎとして片栗粉（3g）まぶして加熱をすると、とろみがついてごはんと上手くからまると思います。豆腐の水分はよく切って下さい。トッピングに三つ葉などおすすめです。

揚げたり、焼いたり。なにかと面倒な
中華料理をレンジで簡単に本格派

エビチリ

○調理時間：約10分
○エネルギー：1人分　179 Kcal

【材料】（2人分）

エビ（背びらき背わたを取る）200ｇ
（A）塩……………………小さじ1
（A）片栗粉………………大さじ2
（B）長ねぎ(みじん切り)……10㎝
（B）にんにく（すりおろし）…小さじ1
（B）しょうが（すりおろし）…小さじ1
（B）片栗粉………………大さじ1/2

合わせておく
（C）トマト缶………………50ｇ
（C）トマトケチャップ………100ｇ
（C）砂糖……………………大さじ1/2
（C）醤油……………………大さじ1
（C）オイスターソース………小さじ1
（C）豆板醤……小さじ1/2（お好みで）
（C）ゴマ油…………………小さじ1
（C）鶏ガラスープの素……小さじ1
（C）水………………………20㏄(ｇ)

【作り方】

1. エビは殻をむき背びらきして背わたを取り塩をふり片栗粉（A）をまぶして少しもみこむようにしてから水で洗う。

2. 耐熱容器に水気をよく拭き取ったエビと片栗粉・長ねぎ・にんにく・しょうが（B）を入れ軽くもみラップをしてレンジ（600ｗ）で2分加熱する。

3. 次に合わせた調味料（C）を加えて混ぜてラップをして2分半加熱して出来上がり。

とろーっとチーズがたまらない！
マッシュポテトの ラザニア風

○調理時間：約25分
○エネルギー：1人分　974Kcal

【材料】（2人分）

じゃがいも（皮を剥いて4等分に切る）3個
乾燥マカロニ……………………50ｇ

合わせておく
（A）生クリーム…………100cc（ｇ）
（A）顆粒コンソメ…………小さじ1
（A）ブラックペッパー…………適量
（A）粉チーズ…………………50ｇ
（A）塩………………………………適量

ミートソース（市販品）…………1缶
ピザ用チーズ……………………100ｇ
ツナ缶（油をきる）………………1缶
パセリ（みじん切り）……………適量

【作り方】

1．耐熱容器にじゃがいもを入れて水を張りラップをしてレンジ（600w）で12分加熱する。マカロニを入れて更に4分加熱する。（4分はマカロニのゆで時間）

2．次にマカロニはザルにあけて水気を切りじゃがいもはつぶしておく。

3．つぶしたじゃがいもに合わせた材料（A）を3回に分けて混ぜる。

4．耐熱容器にじゃがいも→ミートソース→マカロニ→ツナを2回繰り返して入れ最後にミートソースとピザ用チーズをたっぷりかけてからラップをして5分加熱する。（チーズの溶け具合を見ながら加熱時間を増やす。）パセリをちらして出来上がり。

エビ団子を濃厚マヨソースで！

エビマヨ

○調理時間：約 10 分
○エネルギー：1人分　327 Kcal

【材料】（2人分）

エビ（背びらき背わたを取る）200ｇ
（A）塩……………………小さじ1
（A）片栗粉…………………大さじ2
はんぺん……………………… 1枚
（B）長ねぎ（みじんぎり）……15㎝
（B）片栗粉…………………大さじ2

マヨソース
（C）マヨネーズ……………大さじ3
（C）トマトケチャップ…大さじ1と1/2
（C）練乳………………………小さじ2
（C）レモン汁………………小さじ1

【作り方】

1. エビは殻をむき、背びらきして背わたを取り塩をふり片栗粉（A）をまぶして少しもみこむようにしてから水で洗い水気を拭き取る。

2. エビを少し大きめのぶつ切りにしてくずしたはんぺんと長ねぎと片栗粉（B）を粘りが出るまで混ぜておく。

3. 一口大に丸めて耐熱容器に入れてラップをしてレンジ（600w）で4分加熱する。加熱している間にマヨソース（C）を作る。

4. 加熱し終わったエビ団子とマヨソースをよくからめる。

ひと工夫で韓国風料理も
炊飯器でスイッチポン！

やわらかチキンの
スープご飯（サムゲタン風）

○調理時間：約50分〜60分
○エネルギー：1人分　453 Kcal

【材料】（3人分）炊飯器5合炊き摘要
鶏手羽元肉（切れ目を入れる）……4本
鶏もも肉（一口大に切る）…………1枚
（A）塩麹………………………大さじ2
（A）しょうが（すりおろし）…小さじ2
（A）にんにく（すりおろし）…小さじ1
長ねぎ（青い部分を斜め切り）…1/2本
かにかまぼこ（ほぐす）…………4本
酒………………………………小さじ2
水………………………………1ℓ
赤飯（レトルト）…………………1個
（B）白ゴマ……………小さじ1と1/2
（B）ゴマ油……………小さじ1と1/2
（B）小ねぎ（小口切り）…小さじ1と1/2

【作り方】

1. 鶏手羽元は切れ目を入れ鶏もも肉は一口大に切りしょうが・にんにく・塩麹（A）をなじませ1時間くらいつけ込む。

2. 炊飯器に鶏手羽元と鶏もも肉と長ねぎ・かにかまぼこと酒と水を入れて白米モードで炊飯する。

3. 温めた赤飯を器に盛り炊き上がったスープをかける。仕上げに白ゴマ・ゴマ油・小ねぎ（B）をかける。

【武田シェフからのアドバイス】
スープを炊飯するときにナツメを入れるとサムゲタン風になります。

駅弁で大人気のイカめしも
炊飯器で簡単！

炊飯器で簡単イカめし

○調理時間：約50〜60分
　（もち米の浸水時間は含まず）
○エネルギー：1人分　252Kcal

【材料】（2人分）

イカ（ツボ抜き）……………3杯
（A）もち米（研いで1時間浸水）…0.5合
（A）ごぼう（みじん切り・あく抜き）…1/4本
（A）にんじん（みじん切り）…1/4本
（B）しょうが（すり下ろし）…小さじ1と1/2
（B）しょうゆ………………大さじ3
（B）みりん…………………大さじ2
（B）砂糖……………………大さじ1
（B）酒………………………大さじ1
（B）めんつゆ（4倍濃縮）…小さじ1
（B）白だし…………………小さじ1
（B）水………………………300mℓ（g）

【作り方】

1．もち米を研いで1時間浸水させる。
2．にんじんとごぼうと水を切ったもち米（A）を混ぜておく。
3．2をイカの6分目位まで詰めて、つまようじでとめておく。

4．炊飯器に合わせた材料（B）とイカを入れ白米炊飯モードで炊く。
5．3等分くらいに切って盛り付ける。

【武田シェフからのアドバイス】
イカを一杯丸ごと使うときはゲソを刻んでもち米と一緒に入れるのもおススメです。

チーズとお餅の意外な組み合わせ！
もっちーず

○調理時間：約5分
○エネルギー：1人分　223Kcal

【材料】（2人分）
切り餅（4等分薄く切る）………2個
玉ねぎ（薄切り）……………1/4個
とろけるチーズ………………2枚
しょうゆ……………………小さじ2
マヨネーズ…………………小さじ1
パセリ（みじん切り）…………適量

★下準備★
グラタン皿にマヨネーズを塗っておく。

【作り方】

1. 餅を4等分にカットする。

2. 玉ねぎとしょうゆをからめてグラタン皿に敷き、その上にカットした餅を並べてラップをしてレンジ（600ｗ）で2分加熱する。

3. 2の上にとろけるチーズを乗せてさらに1分加熱する。

4. 最後にパセリをちらす。

【武田シェフからのアドバイス】
海苔の佃煮や明太子などを加えると味のバリエーションが広がります。お酒のお供にもピッタリ。

みそが決め手のリゾット
明太子クリームリゾット仕立て

○調理時間：約15分
○エネルギー：1人分　489 Kcal

【材料】（2人分）

ごはん……………………………2杯分
玉ねぎ（みじん切り）……………1/2個

合わせておく
（A）牛乳………………200mℓ（g）
（A）みそ…………………小さじ2
（A）顆粒コンソメ………小さじ1
（A）粉チーズ……………………30g
（A）黒こしょう…………………少々
明太子（皮をはがす）……………2腹

トッピング
ねぎ・しそ・刻み海苔（お好みで）分量外

【作り方】

1．耐熱容器に玉ねぎを入れてラップをしてレンジ（600w）で2分加熱する。

2．次に明太子の半分とごはんと調味料（A）を入れてよくかき混ぜ、ラップをして3分加熱する。

3．器に2を盛りつけて残りの明太子を乗せる。お好みでねぎ・しそ・刻み海苔などをのせる。

鶏とトマトの相性抜群！
うまみたっぷりスープがおいしい

鶏とトマトの
クリーム煮

○調理時間：約30分
○エネルギー：1人分　856 Kcal

【材料】（2人分）

鶏もも肉（一口大に切る）………1枚
塩こしょう（MIXタイプ）………適量
トマト（さいの目切り）…………1個
玉ねぎ（薄切り）………………1/2個
生クリーム……………… 200mℓ（g）

合わせておく
（A）みそ……………………大さじ1/2
（A）顆粒コンソメ…………大さじ1/2
（A）粉チーズ……………………30ｇ
（A）バター………………………15ｇ

★下準備★
　鶏もも肉に塩こしょうをふっておく。

【作り方】

1．耐熱容器にトマトを入れラップをしてレンジ（600w）で3分加熱する。

2．次にトマトを取り出して玉ねぎと鶏もも肉を入れラップをしてレンジで4分加熱する。

3．生クリーム・みそ・顆粒コンソメ・粉チーズ・バター（A）を加えてラップをしてレンジで8分加熱する。
　※何度もかき混ぜる（分離防止のため）

4．3を器に入れ、2で取り出したトマトを上に飾る。

あま～い香りがたちのぼる
お手軽一押しデザート

簡単キャラメルブレッド

- ○調理時間：約15分
- ○エネルギー：1人分　171Kcal

【材料】（2人分）

牛乳……………………………100mℓ
キャラメル……………………6個
バゲット………………………1/4本

【作り方】

1. 耐熱容器に牛乳とキャラメルを入れラップを軽くかけレンジ（600w）で3分加熱する。

2. レンジから取り出してよく混ぜてからさらに2分加熱する。
   ※キャラメルが溶けるまで繰り返す。

3. バゲットを手でつぶすように押してから2の液に浸し2分加熱する。

4. お好みの大きさに切って盛り付ける。

【武田シェフアレンジバージョン】
シェフのアレンジは2の後によく溶いた卵を加えます。卵を加えることによってバゲットがふんわりして、味にコクが出ます。粉糖やシナモンをかけて食べるのもオススメです。

豆乳と胡麻でコク深い
本格的な担々麺ができちゃう！

豆乳スープの担々つけうどん

○調理時間：約25分
○エネルギー：1人分　469 Kcal

【材料】（2人分）

冷凍うどん	2玉
豚ひき肉	50ｇ
もやし	1/4袋
チンゲンサイ（5cmのざく切り）	1株
玉ねぎ（薄切り）	1/4個
お湯	適量

合わせ調味料
- （A）みそ…………大さじ1
- （A）豆板醤…………小さじ1/2
- （A）テンメンジャン…………小さじ1
- （A）豆乳…………250mℓ（g）
- （A）顆粒鶏ガラのスープの素…小さじ2
- （A）白練りゴマ…………大さじ1/2
- （A）にんにく（すりおろし）…小さじ1/3
- （A）しょうが（すりおろし）…小さじ1/3

仕上げ用
- （B）ゴマ油…………少々
- （B）ラー油…………少々
- （B）白ゴマ…………大さじ1
- （B）長ねぎ（みじん切り）…大さじ1

【作り方】

1. 耐熱容器に冷凍うどんを入れラップをしてレンジ（600ｗ）で7分加熱して冷水で洗って水気をきる。

2. うどんで使った耐熱容器にもやし・チンゲンサイ・玉ねぎとお湯をひたひたになるまで入れラップをしてレンジで5分加熱する。加熱後は水を切っておく。

3. 合わせ調味料（A）とひき肉を加えよく混ぜてからラップをして5分加熱する。

4. うどんを入れた器に加熱した坦々のタレをかけて最後に仕上げ用ゴマ油・ラー油・白ゴマ・長ネギ（B）をのせる。

新しい食感の和風サラダです
とびっこプチプチいもサラダ

○調理時間：約 15 分
○エネルギー：1人分　284 Kcal

【材料】（2人分）

じゃがいも（厚めの千切り）……　2個
水………………………適量（かぶるくらい）
とびっこ………………………… 大さじ2
ツナ缶（油を切ってほぐす）…… 1缶
かつお節………………………… 小袋1
マヨネーズ……………………… 大さじ2
練りわさび……………………… 小さじ 1/2

【作り方】

1. 耐熱容器にじゃがいもを入れてかぶるくらいの水を入れてラップをしてレンジ（600w）で6分加熱する。

2. じゃがいもの水気をよく切ってボウルに入れ残りの材料と合わせる。

※じゃがいもは食感が残る位がオススメです。

材料を切ってのせるだけでCafe風ごはん

フライパンなんて使わない タコライス

○調理時間：約20分
○エネルギー：1人分　747Kcal

【材料】（2人分）

豚ひき肉	100g
玉ねぎ（みじん切り）	1/2個
ハーブ香辛料入塩	少々
合わせておく	
（A）チリペッパー	大さじ1
（A）レッドペッパー	適量
（A）粉チーズ	30g
（A）ハーブ香辛料入塩	適量
（A）ホールトマト（カットタイプ）	1/2缶
（A）ナツメグ	適量
（A）顆粒コンソメ	小さじ1
卵（Mサイズ）	2個
水（卵がかぶるくらい）	適量
酢	少々
トマト（さいの目切り）	1個
レタス（食べやすい大きさにちぎる）	5枚
アボカド（さいの目切りレモン汁につける）	1/2
レモン汁	適量
ピザ用チーズ	60g
ごはん	2杯分

【作り方】

1. 耐熱容器に玉ねぎとひき肉を入れハーブ香辛料入塩をまぶしラップをしてレンジ（600w）で3分加熱する。

2. 次に合わせておいたチリペッパー・レッドペッパー・粉チーズ・ハーブ香辛料入塩・ホールトマト・ナツメグ・顆粒コンソメ（A）を入れ混ぜ合わせ5分加熱する。

3. 卵を1個ずつカップに割り酢を入れた水をかぶるくらいに入れラップをしてレンジで1分半加熱する。(温泉卵の様に)

4. 器にごはんを盛りピザ用チーズをのせレタス、アボカド、トマトの順で盛り付け2で作ったソースをかけてから卵をのせて完成。

※トッピングにチリパウダーと粉チーズをかけてもおいしいです。

刺激的な香り♪ マスタードが相性抜群
蒸し鶏のマスタードソース

○調理時間：約15分
○エネルギー：1人分　301Kcal

【材料】（2人分）

鶏もも肉（両面フォークで穴をあける）…1枚

塩こしょう（MIXタイプ）…小さじ1/2

合わせておく
（A）粒マスタード……………大さじ1
（A）はちみつ………………大さじ1
（A）昆布茶…………………小さじ1

【作り方】

1. 鶏もも肉は両面塩こしょうをふり皮目を上にして耐熱容器に入れラップをしてレンジ（600w）で5分加熱する。
裏をかえしてさらに5分加熱する。

2. 鶏もも肉を一口大に切り耐熱容器の肉汁を拭いて粒マスタード・はちみつ・昆布茶（A）をよく絡める。

ごはんにしみ込む鶏のうまみ
あっという間の炊き込みごはん

かしわめし

○調理時間：約20分
○エネルギー：1人分　503Kcal

【材料】（2人分）

鶏もも肉（一口大に切る）………100ｇ
にんじん（3cmくらいの千切り）…1/2本
ごぼう（ささがき）……………1/2本
生しいたけ（みじん切り）………4枚
まいたけ（石づきを取りさく）…1/2株

合わせておく
（A）しょうゆ………………大さじ1
（A）砂糖……………………大さじ1/2
（A）コチュジャン…………小さじ1/2
（A）ゴマ油…………………小さじ1
（A）みりん…………………大さじ2
（A）酒………………………大さじ2
（A）白だし…………………大さじ2
ごはん………………………どんぶり2杯

【作り方】

1．鶏もも肉は一口大に切りにんじんは3cmくらいの千切りに。ごぼうはささがきに切り水につけあく抜きをする。生しいたけはみじん切り。まいたけは食べやすい大きさにさく。

2．耐熱容器に鶏もも肉と野菜と合わせた調味料（A）を入れ混ぜてからラップをしてレンジ（600ｗ）で5分加熱する。

3．2の中にごはんを入れて混ぜ、さらにレンジで5分加熱し、加熱後ラップをしたまま3分蒸らす。

しっとりチーズのやさしい風味
チーズケーキ

○調理時間：約50分〜1時間
○エネルギー：ひときれ分　263kcal

【材料】（5合炊き炊飯器で8切れ分）

ホットケーキミックス粉…………50ｇ
クリームチーズ（室温）…………200ｇ
卵（Mサイズ）（室温）……………2個
レモン汁……………………………大さじ2
グラニュー糖………………………50ｇ
生クリーム（室温）…………200mℓ
バニラエッセンス…………………2滴

【作り方】

1．耐熱容器にクリームチーズを入れラップをしてレンジ（600ｗ）で1分加熱する。

2．ボウルに卵を割り入れ、よく溶いておく。

3．2の卵にグラニュー糖を2〜3回に分けて入れ、白っぽくなるまでよく混ぜる。

4．ボウルに加熱したクリームチーズを2〜3回に分けながら、ホイッパーで白っぽくなるまでよくかき混ぜる。

5．ホットケーキミックス粉を2〜3回に分けて入れよく混ぜる。

6．生クリームを全て入れてよくかき混ぜる。次にバニラエッセンスを加えて混ぜる。最後にレモン汁を加えてさらに混ぜる。

7．炊飯器に入れトントンと上から落とすように空気を抜き、白米炊飯モードで炊飯する。

8．竹串を刺して何も付いてこなければ出来上がり。

※1度目で中まで火が通っていなかった場合は再度炊飯しますが、焦げやすいので注意して下さい。

流行りのオイスターマヨネーズ
オイマヨと蒸し鶏の相性抜群!!

蒸し鶏の
オイマヨソース和え

○調理時間：約15分
○エネルギー：1人分　356 Kcal

【材料】（2人分）

鶏もも肉（両面フォークで穴をあける）…1枚

塩こしょう（MIXタイプ）…小さじ1/4

合わせておく
（A）砂糖……………………小さじ1
（A）マヨネーズ………………大さじ1
（A）オイスターソース………大さじ1

【作り方】

1. 鶏もも肉は両面塩こしょうをふり皮目を上にして耐熱容器に入れラップをしてレンジ（600ｗ）で5分加熱する。

2. 加熱した鶏もも肉を一口大に切り砂糖・マヨネーズ・オイスターソース（A）と合わせて5分加熱する。

家庭で簡単ミートローフ!!
フィンガーミートローフ

○調理時間：約15分
○エネルギー：1人分　541Kcal

【材料】（2人分）

合びき肉……………………300ｇ
玉ねぎ（みじん切り）…………小1個
生しいたけ（みじん切り）………3枚
卵（Mサイズ）…………………2個
塩……………………………大さじ1/2
こしょう………………………少々

ソース
（A）オイスターソース………大さじ1
（A）酒………………………大さじ1
（A）みりん……………………大さじ1
（A）コチュジャン……………大さじ1
（A）ゴマ油……………………小さじ1
（A）片栗粉……………………小さじ1

【作り方】

1．ボウルに合びき肉と塩・こしょうを入れ粘りが出るまで混ぜ合わせる。玉ねぎ・生しいたけ・卵を入れさらによく混ぜる。

2．肉だねを6等分にする。ラップを広げて混ぜた肉を棒状にしてのせる。ラップを合わせ空気を抜くように包み両端をねじる。

3．耐熱容器に包んだ肉をのせレンジ（600ｗ）で5分加熱する。上下をかえしてさらに5分加熱する。
　※肉の状態を見て1分ずつ加熱して様子を見る。

4．あら熱が取れたらラップから外す。

5．ソース（A）とこした肉汁を混ぜ合わせてラップをして1分加熱する。

6．器に盛り付けてソースをつけて頂く。

子どもも大人も大好き
ピーマンの肉詰め

- ○調理時間：約15分
- ○エネルギー：1人分　348Kcal

【材料】（2人分）

鶏ひき肉（もも肉）……………200ｇ
卵（Sサイズ）………………… 1個
きざみねぎ（冷凍）………… 大さじ2
(A)　片栗粉………………… 大さじ1
(B)　［ピーマン（縦半分に切る）… 4個
　　　片栗粉………………… 大さじ1

合わせておく
(C)　オイスターソース……… 大さじ1
(C)　塩こしょう（MIXタイプ）…少々
(C)　しょうゆ………………… 小さじ2
(C)　ゴマ油…………………… 小さじ1
(C)　にんにく（すりおろし）…小さじ2

【作り方】

1．ボウルに鶏ひき肉・きざみねぎ・卵・片栗粉（A）とオイスターソース・塩こしょう・しょうゆ・ゴマ油・にんにく（C）を入れて粘りが出るまでよく混ぜ合わせる。

2．半分に切って種を取ったピーマンに片栗粉（B）を振るい肉だねを8等分して詰める。

3．耐熱容器にのせラップをしてレンジ（600ｗ）で8分加熱する。

※加熱が足りないときは様子を見ながら再加熱する。

お肉もキャベツもジューシー

回鍋肉

○調理時間：約15分
○エネルギー：1人分　436 Kcal

【材料】（2人分）

豚バラ肉（一口大に切る）………150ｇ
にんにく（すりおろし）………小さじ1
キャベツ（一口大に切る）……4〜6枚
ピーマン（乱切り）………………2個
片栗粉………………………大さじ1と1/3

合わせておく
（A）しょうゆ………………小さじ2
（A）テンメンジャン…………小さじ2
（A）砂糖……………………大さじ1
（A）酒………………………小さじ1
（A）ゴマ油…………………小さじ1
（A）豆板醤…………………小さじ1
（A）水………………………100mℓ

【作り方】

1. 耐熱容器に豚バラ肉とにんにくを入れてよく揉み込む。

2. さらに切った野菜と片栗粉を加えてよく混ぜてからラップをしてレンジ（600w）で3分加熱する。

3. 合わせた調味料（A）を加えよく混ぜラップをして5分加熱する。

※あらかじめ野菜に片栗粉をまぶしておくと、よい感じにトロミがつきます。

ごまだれ？和風？坦々風？
3種のたれで楽しめる
冷やしつけラーメン

○調理時間：約10分
○エネルギー：1人分　365Kcal
　タレ（ゴマ：115kcal・和風：34kcal・坦々風：128kcal）

【材料】（2人分）
ラーメン（生麺・冷やし用）……2玉
ゴマだれ
（A）冷やし中華のたれ………大さじ2
（A）マヨネーズ……………大さじ1
（A）すりごま………………小さじ1
和風
（B）水………………………大さじ2
（B）しょうゆ………大さじ1と1/2
（B）レモン汁………………小さじ1
（B）塩昆布…………………大さじ1
（B）オリーブオイル………小さじ1
坦々風
（C）練りゴマ………………大さじ2
（C）豆乳……………………大さじ1
（C）ラー油…………………小さじ1
もやし……………………………100g
キュウリまたは水菜（5cmに切る）60g

【作り方】
1．耐熱容器に麺をほぐしながら入れる。かぶる位の熱湯を注ぎラップをしてレンジ（600w）で7分加熱する。

2．冷水でよく洗う。水気をきって野菜と一緒に盛り付け、（A）ゴマだれ・（B）和風・（C）坦々風、いずれかお好みのたれで頂く。

ふと食べたくなる家庭料理
リンゴとみそが隠し味
肉じゃが

○調理時間：約25分
○エネルギー：1人分　658 Kcal

【材料】（2人分）

豚バラ肉（一口大に切る）………200ｇ
リンゴ（皮を剥いてすりおろす）…1個
じゃがいも（4等分に切る）……2個
玉ねぎ（くし型に切る）………1/2個
にんじん（乱切り）…………1/2本
水………………………………100mℓ
顆粒和風だし…………………大さじ1

合わせておく
（A）しょうゆ………………大さじ1
（A）酒………………………大さじ1
（A）砂糖……………………大さじ1
（A）みそ……………………大さじ1

【作り方】

1．バラ肉は一口大に切り、皮を剥いてリンゴはすりおろして野菜はそれぞれに切る。

2．耐熱容器にバラ肉とリンゴと野菜と水と顆粒和風だしを入れてよく混ぜる。その後、濡らしたキッチンペーパーで落としぶたをしてレンジ（600ｗ）で10分加熱する。

3．さらに合わせておいた調味料（A）を入れよく混ぜてからラップをして8分加熱する。

※2、3では味が染み込むようによく混ぜて下さい。

トマトの香りを楽しめる。
限られた食材でおいしい料理を

トマトライス

○調理時間：約10分
○エネルギー：1人分　389 Kcal

【材料】（2人分）

- 温かいごはん……………………2杯
- 玉ねぎ（薄切り）……………1/4個
- 塩……………………………………少々
- ホールトマト缶（カットタイプ）…1/2缶
- 生クリーム………………………大さじ2
- 赤ワイン…………………………大さじ1
- 顆粒コンソメ……………………大さじ1
- グラニュー糖……………………大さじ1

【作り方】

1. 耐熱容器に薄切りした玉ねぎと塩を入れてラップをしてレンジ（600w）で3分加熱する。

2. 1にホールトマト・顆粒コンソメ・グラニュー糖・赤ワインを入れてよくかき混ぜ、ラップをして5分加熱する。

3. 器にごはんとトマトソースをかけ、上から生クリームをたらりとかける。

※お好みでオリーブオイル・タバスコ・粉チーズを加えてもよいでしょう。

【武田シェフアレンジバージョン・トマトのファルシ】
トマトをへたの部分を蓋になるように切り、中身をくりぬいてさいの目切りにする。
レンジで加熱したズッキーニ・ナス・ピーマンなど塩コショウで味付けし、くり抜いたトマトの中に上記（昇兵君レシピ）のトマトソースと野菜、くり抜いたトマトとエキストラバージンオイルとパルメザンチーズ・フレッシュバジルを入れて完成。

●武田シェフのアレンジバージョン

定番の組み合わせをさっぱりと
ごはんに合うんです！

鶏手羽元と大根の
さっぱり煮

○調理時間：約30分
○エネルギー：1人分　280Kcal

【材料】（2人分）

鶏手羽元………………………6本
しょうが（すりおろし）……小さじ1
大根（1cm厚さのいちょう切り）…1/4本

合わせておく
（A）しょうゆ…………………20mℓ
（A）酒…………………………15mℓ
（A）みりん……………………10mℓ
（A）砂糖……………………大さじ1
（A）酢…………………………25mℓ
（A）水…………………………5mℓ
（A）顆粒和風だし………大さじ1/2

【作り方】

1. 鶏手羽元に切れ目を入れて、すりおろしたしょうがを揉み込んでおく。大根は1cm厚さのいちょう切りにする。

2. 耐熱容器に大根を入れラップをしてレンジ（600w）で7分加熱する。

3. 大根に鶏手羽元と調味料（A）を入れ混ぜ合わせたらラップをして10分加熱する。

4. ラップを外して更に5分加熱する。

※大根を竹串で刺し、硬ければ更に1分～2分加熱してください。

※時間を少しおくと味が染み込みます。

レンジで中華!!シャキッとうまい

チンジャオロース

○調理時間：約10分
○エネルギー：1人分　387 Kcal

【材料】（2人分）

豚バラ肉（細切り）…………150ｇ
塩こしょう（ＭＩＸタイプ）……少々
片栗粉………………………小さじ１
ピーマン（せん切り）…………４個
竹の子（水煮・せん切り）……100ｇ
塩こしょう（ＭＩＸタイプ）……少々
ゴマ油………………………小さじ１

合わせておく
（Ａ）しょうゆ………………小さじ１
（Ａ）酒………………………大さじ１
（Ａ）みりん…………………小さじ１
（Ａ）オイスターソース………大さじ１
（Ａ）豆板醤…………………小さじ 1/2
（Ａ）テンメンジャン…………小さじ１

【作り方】

1．豚バラ肉を細切りして塩こしょうとゴマ油でよくもみこむ。片栗粉を加えてさらにもみこむ。

2．ピーマンと竹の子も千切にして塩こしょうを馴染ませておく。

3．耐熱容器にバラ肉とピーマンと竹の子を入れてラップをしてレンジ（600ｗ）で２分加熱する。

4．全ての調味料（Ａ）を加えてよく混ぜてからラップをしてレンジで５分加熱する。

※材料と調味料はその都度よく混ぜ合わせると、しっかりとトロミがつきます。

ピリッと辛みでごはんがススム！
じゃがいもキムチ

○調理時間：約20分
○エネルギー：1人分　315 Kcal

【材料】（2人分）

じゃがいも（8等分に切る）……中2個
玉ねぎ（5ミリくらいの薄切り）…中1/2個
キムチ（ざく切り）………………50ｇ
豚バラ肉（5cmくらいに切る）…50ｇ
たくあん（ほそ切）………………2枚
きざみねぎ（冷凍）………大さじ2

合わせておく
（A）みそ……………………小さじ2
（A）キムチの素……………小さじ2

【作り方】

1. 耐熱容器に切ったじゃがいもを入れてラップをかけてレンジ（600w）で5分加熱する。
2. 玉ねぎ・キムチ・豚バラ肉・たくあんとみそ・キムチの素（A）を加えラップをかけて10分加熱する。
3. 器に盛り付けきざみねぎを散らす。

【アレンジバージョン】
じゃがいもキムチ鍋

○料理時間：約20分
○エネルギー：1人分　327 Kcal

【材料】（2人分）

じゃがいも（8等分に切る）……………中2個
玉ねぎ（5ミリくらいの薄切り）………中1/2個
キムチ（ざく切り）………………………50ｇ
豚バラ肉（5cmくらいに切る）…………50ｇ
たくあん（ほそ切）………………………2枚
きざみねぎ（冷凍）………………大さじ2
水…………………………………500mℓ

合わせておく
（A）みそ……………………………大さじ1
（A）キムチの素……………大さじ1と1/2

【作り方】

1. 耐熱容器に切ったじゃがいもと水を入れてラップをかけてレンジ（600w）で5分加熱する。
2. 玉ねぎ・キムチ・豚バラ肉・たくあんとみそ・キムチの素（A）を加えラップをかけて10分加熱する。
3. 器に盛り付けきざみねぎを散らす。

旬の食材を楽しむシンプル料理
バターと醤油の香りがそそる

アスパラベーコン

○調理時間：約10分
○エネルギー：1人分　160 Kcal

【材料】（2人分）

グリーンアスパラガス（Lサイズ5cmに切る）…6本
ベーコン（ハーフタイプ1cmに切る）…30g
卵（Mサイズ）……………………1個

（A）しょうゆ……………小さじ1
（A）みそ…………………小さじ1
（A）水……………………大さじ1
（A）有塩バター…………10g

【作り方】

1. バターをレンジ（600w）で10秒加熱する。
2. アスパラは下の部分5cmくらいピーラーで皮をむき5cmくらいに切る。ベーコンは1cm幅に切る。
3. 調味料（A）を混ぜ合わせラップをして30秒加熱する。
4. 溶いた卵とアスパラとベーコンを加えラップをかけて3分加熱する。
5. 1～2分くらいラップをしたまま蒸らしてから器に盛り付ける。

電子レンジの注意点

●ご使用の電子レンジ、オーブン、シリコンスチーマーの取扱説明書をよく読み、調理してください。

●耐熱耐冷温度を守って、調理してください。

●レンジ使用の際は、必ずミトン等を使用してください。また加熱直後は蒸気によるやけど等にご注意ください。

●卵、ソーセージ、イカなど硬い殻や皮がある食材はそのまま加熱しないで下さい。

●レシピ本の加熱時間はあくまでも目安です。ご利用の電子レンジに合わせて調整してください。

炊飯器の注意点

●炊飯器の中には、お米以外の調理はできないものもあります。最近の炊飯器は高機能で選べるメニューも多種多様。取扱説明書をしっかり読んでから使いましょう。

●レシピ本の加熱時間はあくまでも目安です。ご利用の炊飯器に合わせて調整してください。

●調圧孔から熱い蒸気が出ますので火傷に十分注意してください。

【切り方の表現】

- ひと口大………… ひと口で食べやすい均一の大きさ
- 斜め切り………… 材料を端から斜めに切る
- いちょう切り……… 材料を半分に切りさらに縦半分に切ったものを端から必要な幅に切る
- 半月切り………… 材料を縦半分に切り端から必要な幅に切る
- スライス（薄切り）… 材料を1〜5mm間隔で端から薄く切る
- ざく切り………… 幅3〜4cmくらいでザクザク切る
- みじん切り……… 材料を千切りし端から細かく切る
- くし型切り……… 材料を縦半分に切り中央から放射線状に均等に切る
- せん切り………… 材料を5ｃｍ位のうす切りにして端から細く切る
- 乱切り…………… 材料を回しながら斜めに切る
- ささがき………… 材料を回しながら鉛筆を削る時の様に薄く削り切る
- さいの目切り …… 材料をサイコロの様に1ｃｍ位直方体に切る

【量の表現】

- かぶるくらいの水…… 材料の頭が隠れる位の水の量
- 塩やこしょうの少々… 指2本でつまめる位の量
- ひたひたの水………… 材料の頭が水面から見え隠れしている位の水の量

【シリコンスチーマー・MAITRE FRANCAIS（メトレ フランセ）】

- コンパクトに収納。デザイン性を損なわずたたむ事ができ、収納に場所を取りません。
- 高性能、多彩な使い勝手。
- 電子レンジ、オーブン、冷蔵庫、冷凍庫で使えるため、多彩な料理が楽しめます。

【取り扱い】旭金属株式会社

♥色もサイズも
バリエーション
豊富でかわいい
食卓が華やかに

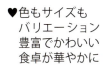

ご支援頂きました皆様へ

　チーム紅蓮の日々の活動の中から「下田昇兵のかっぺキッチン」が生まれ、そこからたくさんの会話が重なり、次第に「誰もが料理を楽しめる☆UD料理レシピ本を作りたい！」というレシピ本制作の夢が沸き上がりました。

　初めてクラウドファンディングに挑戦させていただきましたが結果的には、たくさんの反響と力強いご支援、応援をいただきましたことを心より感謝申し上げます。お陰様で「誰もが料理を楽しめる☆UD料理レシピ本を作りたい！」プロジェクトは目標金額も達成でき、念願の「レンジと炊飯器で作る超かんたん料理・UDレシピ本」発行の運びとなりました。また、クラウドファンディング以外でも、多くの方々からあたたかいお言葉を沢山頂戴しており、このプロジェクトをやって本当によかったと実感しております。この場をお借りして改めまして心より感謝申し上げます。
誠にありがとうございました。
2016年8月吉日

　　　　　　　　　　　　　　　　下田 昇兵
　　　　　　　　　　　　　　チーム紅蓮(ぐれん)
　　　　　　　　　　　　　　　スタッフ一同

下田昇兵とチーム紅蓮の
仲間たち

《チーム紅蓮》

真鳥 実佐子、松波 正晃、川村 徹、藤本 直一、伊藤 仙孝、
濱舘 海斗、小澤 彰太郎、梶村 拓哉、相田 奈美、三田地 政則、
陣内 祐二、真野 光恵、中西 里美、山下 岳人、樋口 翔一、
成田 優、吉田 浩、只石 幸夫、五十嵐 真幸

レンジと炊飯器で作る超かんたん料理「UDレシピ本」

■ 制作スタッフ

【レ シ ピ】	下田 昇兵	（かっぺキッチン）
【編　　集】	田口 忠臣	（株式会社ハルカムイ）
【デザイン】	小川 史朗	（プラッツ有限会社）
【写真撮影】	田中 信	（STUDIO ZAP）
【文　　章】	伊藤 螢	（あさはな）
【イラスト】	新子 友子	（漫画家）
【調　　理】	高倉 晴美	（アトリエ haremi）
	松田 しのぶ	（ジュニア野菜ソムリエ）
【栄養計算】	石山 香理	（管理栄養士・チーム紅蓮）
【料理アドバイザー】	武田 智之	（旭川トーヨーホテル）
【イラスト協力】	《北海道おといねっぷ美術工芸高等学校》	
	金野 詩琉玖、小池 天通、藤原 有彩、志村 直也、奥村 紗季、	
	城守 爽音、青山 りか、矢三 るき、岡本 灯偉、五十嵐 深紅、坂田 空	
【動画撮影】	鏑木 秀俊	（株式会社鏑木商店）

【協　　力】
東芝ライフスタイル株式会社
株式会社アスモ
旭金属株式会社
公益社団法人北海道栄養士会旭川支部
北海道おといねっぷ美術工芸高等学校